RUGADH MARTAINN MAC AN T-SAOII
Lèanaidh. 'S ann à Uibhist a Deas a t
mhàthair. Chaidh e gu Colaisde Na
Dheathain, far an tug e a-mach a bhit
agus 1992 choisinn e teisteanasan ann an Cuspairean na Gàidh....
nam Meadhanan ann an Sabhal Mòr Ostaig.

Ghlèidh *Ath-Aithne*, cruinneachadh de sgeulachdan goirid, Duais na
Saltire airson Ciad Leabhair ann an 2003 agus bha a' chiad nobhail aige,
Gymnippers Diciadain, air a' ghèarr-liosta airson Leabhar na Bliadhna
ann an 2005. Tha e a' cur crìoch air nobhail ùir an-dràsta.

'S e *Dannsam led Fhaileas* a' chiad chruinneachadh de bhàrdachd
Mhàrtainn, ged a tha cuid dhe na dàin air duaisean a bhuannachadh thall
is a-bhos a cheana. Tha an obair aige cuideachd air nochdadh ann an
irisean a leithid *Gairm*, *Gath* agus *New Writing Scotland*. The e air a
bhith air aoigheachd aig Fèis Eadar-Nàiseanta Dhùn Èideann, Word Obar
Dheathain agus Seachdain a' Bhreacain ann an New York. Ann an 2001
chaidh e a dh'Èirinn air Cuairt nam Bàrd.

Bidh Màrtainn a' roinn a bheatha-obrach eadar dotaireachd, sgrìob-
hadh is aithris sgeulachdan. The e a' fuireach ann an Dùn Èideann le a
bhean Annmarie agus an dithis chloinne, Sorcha agus Iain Fhionnlaigh.

MARTIN MACINTYRE was born in 1965 to a South Uist father and Glaswegian
mother. He was brought up in Lenzie, and attended St Aloysius' College in
Glasgow. In 1988 he graduated from the University of Aberdeen in medicine,
and between 1990 and 1992 he attained qualifications in Gàidhealtachd and
Media Studies at Sabhal Mòr Ostaig, Skye.

His previous publications include *Ath-Aithne* ('Re-acquaintance'), a
collection of short stories which won the Saltire Society First Book Award
in 2003, and *Gymnippers Diciadian* ('Wednesday Gymnippers'), an
Edinburgh-set Gaelic novel, shortlisted for the Saltire Society Book of the
Year 2005. He is currently working on a new novel.

Dannsam led Fhaileas / Let Me Dance with Your Shadow is Martin's
first collection of poetry. Some of the poems in this collection have won
national and international awards and have appeared in various publica-
tions, including *New Writing Scotland*, *Gairm* and *Gath*. He has appeared
at the Edinburgh International Book Festival, Aberdeen's Word Festival, New
York's Tartan Week, and in 2001 toured to Ireland on Cuairt nam Bàrd.

Martin divides his work-time between medicine, writing and story-
telling. He lives in Edinburgh with his wife Annmarie and two children,
Sorcha and Iain Finlay.

Other works by Martin MacIntyre

Ath-Aithne, CLÀR, 2003 (Ùr-Sgeul series)

Ath-Aithne Talking Book, CLÀR, 2004 (Ùr-Sgeul series)

Gymnippers Diciadain, CLÀR, 2005 (Ùr-Sgeul series)

Gymnippers Diciadain Talking Book, CLÀR, for publication in 2006 (Ùr-Sgeul series)

Malairt Scéil, a selection of Gaelic stories from *Ath-Aithne* and *Tocasaid 'Ain Tuirc* by Duncan Gillies published in Irish translation by Cois Life, Dublin, 2006

Dannsam led Fhaileas
Let me Dance with Your Shadow

Màrtainn Mac an t-Saoir
Martin MacIntyre

Luath Press Limited

EDINBURGH

www.luath.co.uk

First published 2006
Reprinted 2007

ISBN (10): 1-905222-57-2
ISBN (13): 978-1-9-0522257-5

The paper used in this book is recyclable. It is made from
low chlorine pulps produced in a low energy, low emission manner
from renewable forests.

Printed and bound by
Bell & Bain Ltd., Glasgow

Typeset in 11pt Sabon by 3btype.com

Thug Comhairle nan Leabhraichean tabhartas barantais airson
sgrìobhadh an leabhair seo, agus chuidich a'Chomhairle am foillsichear
le cosgaisean an leabhair.

The Gaelic Books Council awarded a grant to the author to write this
book and gave assistance with the publishing costs to Luath Press.

B/06/07

To Eve and Andy
with regards
Martin MacIntyre

Do dh'Annmarie

Clàr-Innse

Contents

Buidheachas / Acknowledgements

Bu thoigh leam taing mhòr a thoirt do dh'Iain Dòmhnallach aig Comhairle nan Leabhraichean a thug tacsa is misneachd dhomh a-thaobh na bàrdachd seo thar grunn bhliadhnachan is a rinn obair mhionaideach air an teacs. Feumaidh mi cuideachd spèis a nochdadh do Aonghas MacNeacail airson a chomhairle prìseil air na dàin agus airson a ro-ràdh phongail. Taing mhòr cuideachd do Ghavin, Catrìona, Jess is Suzanne aig Luath airson an earbsa is an saothrach leis an leabhar seo.

I would like to thank Ian MacDonald of the Gaelic Books Council for his support and encouragement over several years with this collection and his help with the text. Also grateful thanks to Aonghas MacNeacail for his advice on specific poems and his considered foreword. To Gavin, Catriona, Jess and Suzanne at Luath, *Ceud taing ma-thà*!

Ro-ràdh

THA E MATH FÀILTE a chur air leabhar bàrdachd Gàidhlig. Ged
a bhios luchd-leughaidh na Gàidhlig air dàin le Màrtainn Mac
an t-Saoir fhaicinn ann an irisean bho chionn grunn bhli-
adhnaichean, chan eil cruinneachadh air nochdadh bhuaithe
gus a seo. Mar sin, tha e nar comas, mu dheireadh, meud a
lèirsinn a thomhas.

Chan eil fad' aig an leughadair ri feitheamh, oir tha e, mar
gum biodh, a' cur a rùintean an cèill anns a' chiad dàn, *Dàin air
an Cois*, leis na 'duilleagan bàna' far a bheil 'tasgadh nam mìosan
/ sireadh am bliadhnachan / làithean mo chloinne anntasan'.
Gheibhear an sealladh mionaideach, a' chuimhne fharsaing
agus breòiteachd fhìnealta na h-òige, uile air an iomradh anns
an dàn, mar gum b' ann mar amas an leabhair air fad.

Leugh air adhart, agus chithear mar a tha e a' soirbheachadh
leis a' bhàrd, ann an dàin far am faighear mothachadh is
meòrachadh air cuspairean poilitigeach agus pearsanta, am
measg raointean eile, mar an aimsir, creideamh agus dualchas.
Tha bàs ann, mar ann an *A' Caoidh* agus *Soraidh le Iain
MacÙisdein*, is mur eil breith a' faighinn sgrùdadh mionaideach,
chan eil làithean tùsail na beatha gun aire, le *Tàladh Iain
Fhionnlaigh*, dha mhac, *tarraing Sorcha*, dha nighinn. Tha poil-
itigs an-dè a' suathadh ri staid na Gàidhlig an-diugh ann an
Còmhdhail-Sgoile agus Màrtainn Luther King; ann am
Baghdad gun Bhealltainn, tha poilitigs ar latha air an tomhas
tro sheann chleachdaidhean nan Gàidheal – riaslachd na còmh-
stri an aghaidh seasmhachd a' chreideimh.

Tha nàdar na sguaib mu mhac-meanmain a' bhàird seo: chì
e aodann no tuiteamas, agus às an t-suidheachadh thig dàn, mar
Màthair a' toirt a pàiste às an eaglais no *Casan a' falbh*. Anns a

chiad dàn, chithear gur ann aig a' ghille bheag bhàn a tha an drama, agus a mhàthair a' chiorramachd. Tha na 'casan' a' bontainn ri tè 'a tha a' cur, ann an soraidh, 'do phòg aotrom bhuidhe / air liopan do chiad leannain' ann an stèisean trèana , agus a tha a' cur a bhàird gu meòrachadh air leud agus eu-diongmhaltachd na beatha.

Ann an *Air chuairt leat, Eideard Dwelly*, tha am faclair air a shamhlachadh ri craoibh tro bheil am bàrd a' siubhal. Ann an *Canaigh*, tha Colum Cille air chuairt san eilean, a' cluinntinn sheanchaidhean Barrach, a chruinnich Fear Chanaigh, a' gab-hail nan linntean an òrain is a chridhe air a bhristeadh le 'beòthas treun' meuran na ' tè bige' (Maighread Fay Sheadhach) air a' phiàno. Tha slighe an leabhair a' tighinn gu ceann le Oisean a tilleadh 'bho Thìr nan Òg / dhan Ghàidhealtachd' far am faigh e coltas an t-sluaigh car annasach, ach 'Gàidhlig aca uile', abairt nach eil gun sgeigealachd. Ann an dòigh a chumas smuaintean an leughadair a' tionndadh fada an dèidh dha no dhi an leabhar a chur sìos. Anns gach fear dhe na dàin seo, gheibhear fighe ealanta de dh'eachdraidh, sgeul agus samhla.

Ma tha na sampallan ud rim meas nan comharradh air sgil a' bhàird, tha gu leòr thomhaisean eile rim faotainn anns an leabhar: mar a tha e a' faicinn a chuspair, mar eisimpleir. Ann an cuid de dhàin, tha e fhèin am broinn an sgèil, a' mothachadh gus tomhas buaidhean a' chuspair air a smuaintean: tha amannan ann far an saoilear gur ann bhon taobh a-mach a tha a shùil air a' chuspair, ach, mar eisimpleir, ann a bhith coimhead a' chloinne fhèin, tha an dàimh eadar cuspair is bàrd ro làidir. Aig amannan eile,'s ann bhon taobh a-muigh a tha e meòrachadh air na tha mu choinneamh, ach a' tarraing air a stoc fhèin de dh'eòlas, airson cruth is co-theagasg faireachail a thoirt dhan chuspair. Geur is gum bi a shùil, chan eil càil cruaidh mu lèirsinn a' bhàird seo.

Ma tha smachd ealanta aig Mac an t-Saoir air cuspair agus

lèirsinn, gheibhear corra chomharradh gu bheil deagh stiùir aige cuideachd air cruth: chan fheum an tarraing a bhith ro dhanarra airson trì nòsan a thoirt à siubhal an leabhair. Tha grunn dhàn ann an cruth òrain, ann an rannaigheachd is co-fhuaimneachd. Tha feadhainn anns an nòs ùr, ach le siubhal nan òran a' tighinn tromhpa gu follaiseach. Tha cuid eile, air a' chiad leughadh, gu tur anns an nòs ùr, a' sìneadh cho fada air falbh bhon òran 's a ghabhas, ach fhathast, cluinnear mìrean ciùil a' brùchdadh a-mach. Agus sin far a bheil neart an tionail smuaintean bhàrdail seo: a dh'aindeoin gach tionndadh siùbhlach 's gach clisgeadh dùil, tha sinn daonnan ann an àrainneachd seinn.

Ma tha teagamh ann, 's e gu bheil cuid dhe na dàin nas iol-sheaghaich, is dòcha, na dh' iarradh leughadair a shireas tuigse às a chiad sgrùdadh. Tha e ri aideachadh nach eil iad uile a' fuasgladh an ciall gun cheum no dhà mun cuairt air briathran a' bhàird, agus sin fhèin, gu bheil, aig amannan, tuairmeas fhathast gu bhith anns a' mheòrachadh. Air an làimh eile, tha gu leòr de shoilleireachd thaitneach ri faotainn anns a' chruinneachadh, agus, co-dhiù, nach e nàdar na h-ealain gum bi ceistean a' tighinn mu choinneamh an ùghdair nach eil a' dol gam fuasgladh fhèin gun strì.

Aonghas MacNeacail
Lùnastal 2006

Foreword

IT'S GOOD TO WELCOME a new book of Gaelic poetry. Although Gaelic readers will have seen Martin MacIntyre's poems in magazines over the years, this is his first collection – which now gives us the opportunity to assess the breadth of his vision.

The reader doesn't have long to wait, as he effectively states his intentions in the first poem, *Poems Realised* (literally, 'Poems on their Feet'), with the 'blank pages' where 'the months' hoardings/are seeking their years/my children's days included'. The detailed observation, the wide perspective of memory and the delicate vulnerability of youth are all manifest in this poem, as if to provide a model for the entire collection.

Reading on, one finds the poet realising his objectives, in poems where observation of and reflection on personal and political subjects may be found, among such other topics as the seasons, faith and folklore. There's death, in poems like *Mourning* and *Farewell, Ian Hughes*, and if birth isn't observed in detail, the early days are not ignored, with *Iain Fhionnlaigh's Lullaby*, for his young son, and *tarraing Sorcha* (where *tarraing* can mean 'pulling, attraction or photographing') for his daughter. Yesterday's politics rubs shoulders with current Gaelic issues in *School Transport and Martin Luther King*; in *Baghdad without Beltane*, contemporary politics is filtered through old Gaelic customs – destructive conflict against the stability of belief.

There's something of the scoop about this poet's imagination: he sees a face or incident, and from that circumstantial seed will come a poem, like *Mother taking her child out of church* or *Departing*. In the first poem, we see that the 'little blond boy' is minder and his mother the invalid. The 'feet' belong to a young woman who, in a farewell gesture, places 'your light yellow kiss/on your first love's lips' in a railway station, prompting the poet to reflect on the breadth and fragility of life.

In a poem to Edward Dwelly, the dictionary is represented

as a tree explored by the poet. In *Canna*, St Columba visits the island and hears Barra tradition-bearers, collected by the Laird of Canna, 'singing centuries in song', his heart rent apart by the 'valiant *joie de vivre* of the little one' (Margaret Fay Shaw) on the piano. The book ends its journey with Ossian returning 'from *The Land of Eternal Youth* / to the Highlands', where the people appear so strange to him, though 'all of them spoke Gaelic', an observation not without irony which leaves the reader's mind turning the thought over, long after laying down the book. Each of these poems provides a skilful weaving of history, myth and metaphor.

If those samples can be taken to be an indication of the poet's skill, there are plenty other specimens throughout the book: his perspective on a subject, for example. In some poems he enters the narrative, observing, as if a fascinated participant, how the subject affects his thoughts: there are times when he appears to be on the outside looking in, but where the intimacy between poet and subject is dominant, as when, for example, he meditates on his own children. At other times, his perspective is entirely objective, yet he is drawing on his own experience to shape and animate the theme. But sharp though his eye may be, this poet does not lack sensitivity.

While MacIntyre may have a fluent command of theme and vision, there is more than enough evidence that he has a mature sense of form: it doesn't need too rigorous an enquiry to identify the presence of three formal structures in the book. Several poems are in song form, metrical and assonantal. Some are in 'free form' but a sense of the sung resonates through them. Others are thoroughly modern on first reading, stretching as far from the song as possible, but still, fragments of song seep out. And that's where this collection of poetic invention draws its strength: despite every eloquent twist and every expectation ambushed, we remain in the environs of song.

Aonghas MacNeacail
August 2006

Dàin air an Cois

Dhà dhe na trì
air an cois,
an-dè 's
an-diugh
cagar
gu calan,
ùpraid am bhròig
na starrabanaich.

Duilleagan bàna
sìor thionndadh thuca
briathran gan iarraidh
saoirsneil.

Tasgadh nam mìosan
sireadh am bliadhnachan
làithean mo chloinne anntasan.

Sgeulachd is fìrinn
eachdraidh is làn-inntinn
òrain a ghabhadh mar mhìorbhailtean.

Cungaidhean spioraid
gan grùdadh sa mhionaid
a' fàgail an tuill
neo-ìobairteach.

Poems Realised

Two of the three
achieved,
yesterday and
today
whisper
to reverberation,
turmoil in my boots
impassioning me.

Blank pages
relentlessly pursuing them
words desired
effortlessly.

The months' hoardings
seeking their years
my children's days included in them.

Story and truth
history and mind-fullness
songs once sung like marvels.

Remedies of the spirit
brewed instantaneously
leave their loss
non-sacrificial.

A' Caoidh

'Howmore, S.Uist, 7 Feb 1894

Dear Brother,

I am going to write to you these few lines to let you know that we are all well except my mother and father, they are very sorry and that is of no wonder.' [1]

Do litir is d' òran[2] dhaibh na làimh phreasaich làidir
a sùil gheur is a beatha fhada, fileanta ann an dòrainn cuim.

Màiri, ògha peathar do mhàthar, a' deanamh na tì,
Aonghas Mòr is Aonghas Beag fo dhlùth-fhòidean Uibhist is
    Afraga a Deas.

Is mise gan leughadh a-mach dhi gu deònach ann an guth
    calma Gàidhealach,
do lidean òga fallainn sluigte gun truas fo dhaorsa na Beurla.
Do naidheachd cho sgràthail.

Ach molaidh sinn sa Ghàidhlig sgìth do làmh cheart loinneil.
Is seinnear fhathast do luaidh ghaisgeil am beul nam beò

Dà lethbhreac
dhe na dhà dhiubh
mum choinneimh
air trèan luath
gu ruige co-labhairt.
'N lùib tòrr phàipearan eile.

Ùine is eòlas a' falbh le roid

Bho choisich e a Thobha bho chidhe Loch Baghasdail,
Aonghas Mòr.

Bho chuir e aghaidh air Klerksdorp,
Aonghas Beag.

Bho dh'fhairich e an cràdh a chaith blàr bàn a sgamhain,
Aonghas Mòr mac Eachainn.

Bho thàinig air am fiabhras a leagh na cèir an fheòil,
Aonghas Beag mac Eachainn 'ic Aonghais.

Bho chuir e a-mach an fhuil a ghlaodh an sagart.
Aonghas Mòr mac Eachainn 'ic Aonghais 'ic Nìll.

Mun do chaoin thu d' bhràithrean caomha,
bàthte ann an anart geal is dubh.
Aonghas Mòr nan ùrnaigh san Ìochdar is am Bòrnais,
Aonghas Beag a' cnàmh an campaichean Khitchener san
    Transvaal.

Agus thusa, bhàird choibhneil nam balach tostach,
am piuthar no am bràthair gun aithne,
ma fhuair thu saoghal,
cò aige bha an spàirn
na rannan a shnaidheadh air do chluasaig?

---

[1] Toiseach litreach a chaidh a sgrìobhadh nuair a bhàsaich Aonghas
Mòr mac Eachainn, bràthair mo shinn-seanair, 's e na dhuine òg an
Uibhist ann an 1894.

[2] Rinneadh òran dha bhràthair, Aonghas Beag mac Eachainn, nuair a
bhàsaich esan ann an Cogadh Afraga ann an 1901.

Mourning

'Howmore, S.Uist, 7 Feb 1894

Dear Brother,

*I am going to write to you these few lines to let you know
that we are all well except my mother and father, they are very
sorry and that is of no wonder.'* [1]

Your letter and song[2] in her strong wrinkled hand
her acute eye and long years fluent in chest-felt anguish.

Màiri, your mother's grandniece, making tea,
Aonghas Mòr and Aonghas Beag under the turf of Southern
    Uist and Africa.

And I reading them out to her willingly in a confident
    Highland voice,
your young healthy cadences strangled by the confines of
    English.
And such terrible news to tell.

But today we praise in tired Gaelic your elegant hand.
Your hero's anthem will yet be sung in the mouths of the living.

Two copies
of both
among other papers
in front of me
on an express train
to a conference.

Time with her knowledge rushing past

Since he walked to Tobha from Lochboisdale pier,
Big Angus.

Since he set out for Klerksdorp,
Little Angus.

Since he felt the pain that laid waste the clean plain of his
    lungs,
Big Angus son of Hector.

Since a fever consumed him which made wax of his flesh,
Little Angus son of Hector son of Angus.

Since he vomited the blood that called the priest,
Big Angus son of Hector son of Angus son of Niall.

Since you bewailed your beloved brothers in the white and
    black linen,
Big Angus in their prayers in Iochdar and Bornish,
Little Angus rotting in Kitchener's camps in the Transvaal.

And you the caring bard for these silent lads,
an unknown brother or sister,
if you lived long,
who struggled to engrave the verses on your pillow?

---

[1] The start of a letter written when a brother of my great-grandfather,
    Big Angus MacIntyre (Aonghas Mòr mac Eachainn), died in Uist as
    a young man in 1894.

[2] A song was composed when another brother, Little Angus MacIntyre
    (Aonghas Beag mac Eachainn), died during the Boer War in 1901.

Foghar Dhùn Èideann

Tha foghar Dhùn Èideann
a' fàgail na cuimhne
gun phuinnsean:
na dhonn-bhlàths
na odhar-shràidibh
na ruadh-fhàilte
na òr-bhuidhe chàirdeas

agus anns an luaidh lachdainn
a nì a gheamhradh air an-dràsta,
cha dèan e dearmad air
meud na duillich,
cha chàin e mealltachd
gach maidne as àille,
cha chaoidh e òige chaillte
na chomh-thràth tràighte.

Saoraidh e a sholas dìblidh
bho chiont na Dùbhlachd
is caisgidh e a mheallan dubha
bho ùth am màthar bàsail.

Edinburgh's Autumn

Edinburgh's autumn
leaves the memory
without poison:
in its brown warmth
its dun streets
its russet welcome
its golden companionship

and in the swarthy homage
which her winter now pays her,
it won't neglect
the mass of foliage,
it will not decry the beguilement
of each more beautiful morning,
it will not rue lost youth
in her sapped twilight.

It will absolve feeble light
from the guilt of December
and wean the black showers
from the udder of their deathly mother.

Nam b' ann air sneachda

Nam b' ann air sneachda
an àite pàipeir a bha e
riatanach dhomh
mo rannan a sgrìobadh,
thogainn bioran a ghlèidh
a' chlann on chòrr,
dhùininn mo chròg mu rùdain chnapach
is le dealas cuingte le cùram
thàirnginn cumaidhean smaointean
cho coileanta 's a leigeadh
tìm neo-mhaireann leam.

Ach a' bhàrdachd a sheasadh
moiteil am measg nan crom-chitheag,
an rachadh i dad na bu doimhne
na an òirleach?
Am fairicheadh a' bhrìgh-èalaidh
a' leaghadh foidhpe
gun robh buintealas uair aice dhi?

Ach cò an t-earrach mosach a dhiùltadh a dealbh
'son latha a-mhàin mu choinneamh nan uan,
cò an geamhradh fada reòthte a chumadh
a sgeul neo-fhuasgailte buan?

Gabham grèim air corraig thaghte na craoibhe,
fàgam grinn i am bois mo làimhe,
is siream an sneachda sin a bheir orm,
na dheaghaidh sin is na dhà dheaghaidh,

àithntean uachdair a bhristeadh,
gun sùil an eagail shaoghalta
a shradadh far mo ghuailne.

24

Were it on snow

Were it on snow
rather than paper where it was
essential for me
to scrape my lines,
I would lift a twig
the children preserved from the rest,
I would close my fist around its knobbled knuckles
and with fervour restrained by care
draw shapes of thoughts
as complete as ephemeral time might allow.

And the poetry that would stand
proud amidst the bent flakes,
would she travel deeper than
an inch?
Could the dissipating essence
melting underneath her
believe it once belonged intimately to her?

But what mean spring could refuse her embodiment
for one single day dedicated to the lambs,
which eternal frozen winter would
maintain her story firmly undisclosed?

Allow me to seize the chosen finger of tree,
make it beautiful in my palm
and let me seek out that snow which
compels me, despite all the risks,

to flout its surface commandments,
without hurling a glance of worldly fear
from my shoulder.

A' Sreap Nam Ballaichean

'S nan sreapainn
gu bàrr an t-simileir
thilgte
air ais sìos mi
mar an dealanach
eadar tarsannain stàilinn mo chealla
air latha a b' àille
m' inntinn fo bhraighdeanas reòthte
mo cholainn, mo chasan, mo shùilean
ri glaodh saorsa mo nàdair
mun deach dì-leum am bad gach adhbrainn
le fiaclan teanna na daorsa
is ged theireadh iad gaol ri pàirt dhith
am pàirt a ghlas m' aodann Dihaoine
ach an-diugh
tha allaban mo smaointean
an tòir air comharra na faoilte
is na bu leis i thoirt dhomh às ùr
ach dùinte no claoidhte
mo bhuadhan
oir
cha dùisgear
nì as faoine, gath aotrom,
an iuchair, am falach is ri faotainn
fo thalamh nach cladhaich ach bruadar.

Climbing the Walls

And if I climbed
to the top of the chimney
I would be propelled
back down like lightning
between the steel rafters of my cell
on the most beautiful of days
my mind in frozen subjugation
my body, my feet, my eyes
calling out for the freedom of my nature
before a fetter seized each ankle
with the tight teeth of captivity
and while part would be described as love
the part which ashed my face on Friday
but today
the aberrations of my thoughts
seek a sign of welcome delight
with all its features renewed
but closed off or exhausted
are my senses
since
the silliest idea, a feeble ray,
cannot be roused,
the key, hidden and found
under ground turned only by dreams.

a' ruith le tomaidh mun ubhal mhòr

ruitheamaid ma-tà,
cha teirig anail
togamaid nar rathaidean
cuimhne mhaireann
blìonamaid an grèin do bhaile
is an neart na h-aibhne
cumamaid mar bhàrdachd àrsaidh
buille shnasail
thoireamaid do chlàr nam bathais
cuid dhen fhallas
is gleidheamaid
gun nàir' gun droch-bheart
ruinn gun aithris.

running with tommy round the big apple

let's run then
breath will not disappear
let's create on our roads
enduring memory
let's bask in your city's sun
and the strength of the river
let's maintain as ancient poetry
a stylish rhythm
let's gift to the centre of our brows
a share of the sweat
and let's retain
without shame or malice
verses unspoken.

Canaigh

’S cinnteach gun do thadhail thu a-rithist, a Choluim mhìn,
air seud nan eilean, gus òl à tobar do chiùil naoimh.

B’ fheàirrde tu Ruairidh ’Ain Bhàin
a’ tàrsainn le bheatha o Bhlàr na h-Eaglaise Brice[1],
is bu mhiann leat cuideachd na h-Eòsaig
a’ dìreadh gual ceòlmhor an t-slèibhe.
Athair is mac a’ gabhail nan linntean an òrain,
an cadal comhartail an seòmbar nan sàr.

Ach cha b’ e laoich a chùm nad bhalbhan aoibhneach a-raoir
    thu
is a bhac do thriall on Taigh Mhòr a-rithist a-nochd, ach
    beòthas treun na tè bige.[2]

Bhristeadh do chridhe ag èisteachd ri grèin Ghleann Dail
a’ dannsa thro meòirean siùbhlach, is ghuil do chom caomh
nuair a chualas iomradh air Pittsburgh is air Peigi Anndra.

Do thobar an Canaigh, an tùs an Uibhist is am Barraigh.

---

[1] Chaidh Ruairidh ’Ain Bhàin is a mhac Dòmhnall Eòsaph (An Eòsag)
à Barraigh a chlàradh le Iain Latharna Caimbeul (1906–1996) air-
son Tasglann Taigh Mòr Chanaigh.

[2] Maighread Fay Sheadhach nach maireann (1903–2004), bàn-
Ameireaganach a thug grunn bhliadhnachan a’ cruinneachadh òran is
beul-aithris ann an Uibhist a Deas is a phòs Iain Latharna Caimbeul is
a chaidh a dh’fhuireach an Canaigh còmhla ris.

Canna

Surely you came again, gentle Columba, to
the jewel of the isles, to drink from your well of hymns.

Inspired by Ruairidh 'Ain Bhàin's survival of the Battle of
    Falkirk[1],
you desired Donald Joseph's company climbing the melodious
    shoulder of the hill.
Father and son singing centuries in song,
at ease in slumber midst the gathering of the great.

But it wasn't bold lads who rendered you mute and delirious
    last night
and who hindered your journey once again tonight from the
    'Big House',
but the valiant *joie de vivre* of the little one.[2]

Your heart was broken listening to a Glendale sun dancing
    through her supple fingers,
and your tender breast wept loudly at the mention of
    Pittsburgh and Peigi Anndra.

Your well on Canna. The source in Uist and Barra.

---

[1] Both Roderick Mackinnon and his son Donald Joseph from Barra
were recorded by John Lorne Campbell (1906-1996). Their voices
are retained on Canna in the NTS Canna Archives.

[2] Margaret Fay Shaw (1903–2004), an American folklorist, collected
songs and tradition in South Uist in the early 1930s, married John
Lorne Campbell and moved with him to Canna, where she lived and
worked for the rest of her long life.

Air chuairt leat, Eideird Dwelly

Siubhailidh mi gu tur trod mheuran rianail,
duilleag a rug duilleach.

Leanaidh mi gu dlùth do fhreumhan saora,
bun a thuislich briathran.

Siridh mi gu ciùin mo mheasan ùra,
sùgh a bhoilich inntinn.

Sreapaidh mi gun sgur nam chraoibh air iasad,
nead san ceilear t' Eòghann.

Travelling with you, Edward Dwelly[1]

I lose myself completely in your orderly branches,
page that bore foliage.

I follow closely your open lines of enquiry,
root that released eloquence.

I calmly seek my season's fruits,
sap that excited mind.

I endlessly climb through my borrowed tree,
nest for Ewen's singing.

---

[1] Edward Dwelly, an English banker, learned Gaelic, then compiled, illustrated, typeset, published and marketed a most comprehensive Gaelic-English dictionary between 1881–1901. The first edition appeared in sections between 1901–11, under the name Ewen MacDonald.

at the ceilidh

at the ceilidh
we awoke
moving hard with pace
like selfish lovers
in rapt embrace,
swallowing the throb
of the buttons on the box
as the fiddle-driven floor
sped our birling core,
and to hear you sing
with tight closed eye
of *Colla mo Rùn*,
a kiss gone by,
the instant swelled
like an hour of pain,
when i revelled in the reel
of your smile again.

Images of the Axarquía

In Cutár de Andalucía,
the white is scorched onto an all too long siesta.
A cat, de-sprung, dreams only snapshots, stills.
Ants in anguish toil to fall in line.

In Cutár de Andalucía,
the week still yearns to hold that virile youth of grape and
    almond,
but only infants and the aged rise at five.
Women slowly tend to placid needs at home.

In Comares de Andalucía,
seven hundred now replace the vines with their new castles,
fitted kitchens, bathrooms fight the tough old stones.
Jim and Ethel cannot comprehend the price.

Listen, can you hear the sound of revved up engines
leaking down the mountain one by one:
the few who said they'd stay until tomorrow
have fled their homes, in search of harmless fun.

Mise an Èirinn, agus thusa casruisgte

Na brògan seo feitheamh
gu 'n toir thu dhaibh troigh,
gu 'n teannaich thu am barraill
nuair thoilleas an t-àm.

Is tu a' suaineadh mud chois
leathar subailte sùghmhor
a shuathas is a thogas
gach òirleach na bhann.

Is mise beò-ghlacte
le samhla air d' àilleachd
do dhanns' annta breith
air biothbhuantachd gaoil.

Ann am Baile Atha Cliath
silear deòir throm Didòmhnaich
ach ortsa, ghràidh, dòirtear
fras ghrianach an t-saoghail.

Me in Ireland, and you barefoot

These shoes waiting
until you offer an ankle,
until you tighten the laces
when the moment fits.

And you wrapping around your foot
supple, moist leather
which caresses and supports
each inch in its grip.

And I transfixed
by an image of your beauty,
your dance in them embracing
love's infinity.

And though in Dublin
Sunday's heavy tears may rain,
I see on you pouring always
a sunshower of living.

Màthair a' toirt a pàiste às an eaglais

Dèan falbh an-dràsta, mo ghille beag bàn,
bheir leat i an-dràsta, mo ghille beag bàn,
do mhàthair thoir dhachaigh mar phàiste fod achlais
is gabh dhi an tàladh bheir suain air do chràdh.

Dèan rathad dhi gun chlaisean, mo ghille beag bàn,
a dh'ionnsaigh an taighe, mo ghille beag bàn,
is nach càirich thu leaba, bheir bhuaipe na sàtain
tha ciùrradh do mhànrain a dh'oidhche 's a là.

Cùm faisg oirr', cùm dlùth dhi, mo ghille beag bàn,
nuair dhùineas i sùilean, mo ghille beag bàn,
air eagal 's gun dùisgear na tràillean na bruadar
is gun toir iad an ionnsaigh gun iochd air do dhàn.

Ach saoileam, a laochain, mo ghille beag bàn,
gum bi thu nad aonar, mo ghille beag bàn,
is an tè thug dhan t-saoghal thu, gur ise do naoidhean,
is ann oirre bhios t' ùrnaigh gu 'n cluinnear a tàmh.

Mother taking her child out of church

Go now, my little blond boy,
take her now, my little blond boy,
your mother take home like a child under your wing
and sing to her a lullaby which will relieve you of your pain.

Make a road for her without ditches, my little blond boy,
towards the house, my little blond boy,
and why not set a bed which might take the demons from her
that are terrorising your joy, day and night.

Stay close to her, maintain your intimacy
when she closes her eyes, my little blond boy,
in case the beasts in her dreams are roused
and assail without mercy your fate.

But I think, my lad, my little blond boy,
that you will be alone, my little blond boy,
the woman who brought you into the world, she'll be your
    infant,
and your prayers will be for her until her stillness is heard.

An lios ar làithean

Siubhal na speala fo làimh
a' sitheadh shìtheanan,
sguidse chruinn gun ghamhlas
gabhail dhan fhàsachd,
buille bhras mhòr bhliadhnachan
a' sgathadh àrdain

tìm oirnn: gun tuiteam dìreach.

Do ghàrradh-cùil
cùil dheanntagach m' òige,
gathan ar cuimhne air chùl

gan tanachadh
gan tionndadh
gam fuasgladh fann

gan tarraing
gan tilgeil
gan torradh
gam foillseachadh ann.

Copagan
mun sìn iad
oirnn an cobhair
a' call an lùiths len ceann.

Cluarain
air lìonsgradh
nan coillidh chinntich
nach clisg ro aois no crann.

'Bhithinn fhìn ga sgioblachadh,'
orsa thusa,
mionaid mun do dhochair
clach mhaol na cèille am faobhar.

'Bha seòl agam air a h-uile luibh
a chumail sìos na h-àite fhèin.

Ach gun sealladh sealbh orm!'

In the grove of our days

Advance of the scythe under hand
flooring flowers,
its round swipe attacks
the overgrowth without resentment,
large sharp blows of years
mutilate pride.

time upon us: does not fall evenly.

Your back garden
the nettled recesses of my youth
our memories' deferred stings.

thinned
turned over
unleashed meekly

pulled
thrown over
heaped up
there, openly revealed.

Dockens
before they can offer
us consolation
loose their sap with their heads.

Thistles,
proliferated
into a redoubtable jungle,
do not flinch from age or plough.

'I used to tidy it myself,'
you said,
just before a bare stone
of sense buckled the blade.

'I had a way of restraining
 every weed in its own place.

But oh my goodness!'

Sgioblachadh cionta sa chidsin

Bha an taigh na bhlàr-cogaidh
air Disathairne sireadh na sìthe
ach an àite caismeachd
ghlan mi soitheachan is ghlan na soitheachan mi.

Cupannan bàthte balbh fo chop nach brath beul,
bomaichean a' bhainne bhig a' tulgadh, ànrach mum faobh
    iad fodha;
mulad ga sgrìobadh far tòin na poit-brochain
na chnapan tiugha grànda: sgràth roimhe.

Chuir mi cuideachd dòigh air an ùrlar.
Sguab throm a thug leatha na mìrean mòra, ga froiseadh gu
    fallas.
Bruis bheag a phioc na h-oiseanan, teann daonnan fom
    chorraig chlis.

Agus chroch mi aodach air an t-sreing,
dà lot dheth.
Badan dorcha a dh'òl a' ghrian, badan dorcha a dh'òl a' ghrian,
badan geala ro fhadalach air an cur an grèim.

Radio 4 a chùm cuideachd rium
nam charan cogais;
fhathast sàbhailte os cionn an amair.

'S an cànan àlainn ciùin
chualas gun oilbheum
mu spreadhadh cèille
spadadh reusain
murt eudmhor nar n-ainm fhìn

An ceann tamaill, agus mi ullamh,
shuidh mi leam fhìn aig bòrd mòr cruinn
gun chriomaig air
is chàirich mi duilleag phàipeir bhàin air aghaidh ghleansaich
feuch an nochdadh
faileas air bloigh rathaid

gun a h-uile sìon air an tug mi leithid a cheannas
a chur na rù-rà rapach orm.

Tidying guilt in the kitchen

The house was a bombsite
on peace-seeking Saturday
but rather than march
I washed dishes and the dishes absolved me.

Drowned cups mute under foam that won't betray the mouth,
grenades of infant milk bobbing, terrified before they swirl under;
longing scraped from the butt of the porridge pot
in thick disgusting lumps: revulsion.

I also rectified the floor.
A heavy broom that took with it the large morsels, flailed to a
    sweat.
A small brush that pecked the corners, tight constantly under
    my nimble finger.

And I hung out a washing,
two loads.
Darks that drank the sun, darks that drank the sun,
whites expressed too late.

Radio 4 kept me company
during these tasks of conscience;
still safe above the trough.

And in elegant soothing language
inoffensive references were made to
the explosion of sense
the slaughter of reason
rabid murder in our name.

After a while, exhausted,
I sat alone at a large round table –
not a single crumb on it –
and I placed a piece of unspoilt paper on its shiny surface
to see if a shadow of shoddy road
might emerge

without turning everything over which I had gained such tight
    control
into a chaotic midden.

Aogasg na h-ighinn Uibhistich

Nighean Uibhisteach, ort aogasg an aoibhneis
ann an dìomhaireachd taigh bràthair d' athar:
tha na dualan seunta gam fuasgladh air anfhadh na pìoba,
is their na coigrich gur ro-mhaiseach, 'g amharc do ghnùis.

Nighean Uibhisteach, ort aogasg a' mhaslaidh
measg òigridh an t-saoghail mhòir Bhadhlaich:
cha mhùchar an dorran sin tha a' lasradh do chuim
is ag imlich cuailein nach ceil ort tuar do chràidh.

Nighean Uibhisteach, ort aogasg an iongnaidh
ann an Sabhal Mòr na h-aiseirigh Gàidhlig:
sannt gun dùil air taitneas toradh do bheòil,
d' fhalt donn gleansach a' taisbeanadh fradharc do shùilean.

Nighean Uibhisteach, ort aogasg do thrèibh Cheiltich
ann an Uibhist Èireannach saor bho mhì-ghean;
tha do ghruag an-diugh geàrrte ri modh Bhaile Atha Cliath
is cainnt Chonamara cur fairis o bhilean làn feòl'.

Faces of a Uist girl

Uist girl, you wear a joyful face
in the secrecy of your uncle's house:
your timid locks are unleashed on the breath of the pipes;
strangers remark how stunning is a glimpse of your countenance.

Uist girl, you wear an embarrassed face
midst the youth of the large world of Benbecula:
the welling is not tamed which flames around your chest,
and licks at the fringe which cannot hide the colour of your pain.

Uist girl, you wear a perplexed face
in the Big Barn of the Gaelic Resurrection:
unexpected envy for the pleasantness of your mouth's fruits,
your brown gleaming hair revealing your eyes' sight.

Uist girl, you wear the face of your Celtic race
in an Irish Uist freed from sadness;
your hair is now cut in the styles of Dublin,
with the language of Conamara overflowing from full-fleshed
    lips.

Iargain chùbhraidh

A' smeurachadh le tacsa
iarmadan aisling
thusa –
an t-àite san robh d' anail
a' chluasag
air an do shuathadh
ar n-aigne
fo gheasaibh a' chadail
d' fhàileadh
gam phògadh
às ùr
mar gum b' ann
a dh'aon adhbhar
a dh'fhàg thu dhomh e
gun fhios nach
sgàineadh
seacharan suaimhneach ar suain
nam mìle bloigh cruaidh
ach an seo
ged nach gleidhear
ach tuairmse dheth buan
fanaidh tusa a luaidh
nam chuinnlein nam chuisleanan ruadha

is cha chuir gaoid
nad àilleachd,
cha chuir no fuachd,
ach m' ionndrain
leam fhìn
is tu bhuam.

Fragrant affliction

Groping with the help
of dream fragments
you –
the place where your breath was
the pillow
on which our spirits were caressed
under the spell of sleep
your smell
kissing me
anew
as if
you left it for me
on purpose
in case
the gentle wanderings of our slumber
should splinter
into a thousand hardened particles
but here
although only glimpses
of them are fully retained
you will remain my darling
your redolence
in my ardent veins

and nothing can
blemish nor make cold
your beauty
except my longing
and you gone.

tarraing Sorcha

caileag òg a' coimhead a-mach
le aodann tè nas sine.

sinnsear o chian, math dh'fhaodte,
tighinn throimhpe gun fhiathachadh,
air a rathad gu dannsa.

thusa, mo ghalghad bheag ait,
sgeadaichte le taibhs meallt' a' chamara
agus mise, d' athair leth-oireach, air chrith.

naoidhein phrìseil mo chogais,
neoichiontach thar innse,
a' sireadh air ais is air aghaidh gu saoirsneil
lùib bhliadhnachan.

cuiridh tu deagh cheistean orm
mu bheathachadh ar ceum tarsainn.

'n do chluic sinn gu math?
'n do rinn sinn gàire brèagha?
a bheil sinn fhathast ri dealbh an fhuinn?

no 'n do ghoideadh ar sgeulachd
le breugan beaga an fhiaraidh,
na b' fhasa an toirt seachad
tè is tè mu seach
na an slugadh slàn?

agus am blasad seo dhed chuairt a-màireach
gairiseach tha, ach bòidheach ri amharc.
an dean e sgànradh air leisg' an latha
's gun againn an-diugh fhathast, a m' eudail,
ach an-dràsta, an-dràsta, an-dràsta?

tarraing¹ Sorcha

a young girl looking out
with an older woman's face.

a distant ancestor, perhaps,
pervading her, unbidden,
on her way to a dance.

you, my quaint little charmer,
adorned by the deceptive ghost of the camera
and I, your diffident father, shaking.

cherished infant of my conscience,
innocent beyond description,
searching back and forth unhindered
midst years.

you pose good questions
on the nourishment of our steps across.

did we play well?
did we laugh beautifully?
are we still composing the tune?

or was our story stolen
with little lies of deviation
easier to relinquish
one by one
than swallow whole?

and this taster of your journey tomorrow
spine-chilling, yes, but elegant to behold.
can it cast out quotidian sloth
when we all we have yet today, my darling,
is now, now, now?

---

[1] tarraing *can mean 'pulling' and 'attraction' and it is also one of the words used for 'photographing'*

Baghdad gun Bhealltainn

Tha mic na cuthaige brice
air mo chac
gun bhiadh nam bhroinn.

Tha seilcheag na saorsa brèige
a' leannrachadh mum lic luim.

Tha searrach suarach nan cathan claona
air mo chùl a chur rium.

Is, a Dhè gun tròcair,
cia 'n fàth gun do thagh thu
nach rachadh a' bheatha ud leam.

Baghdad without Beltane[1]

The sons of the pocked cuckoo
have shat me,
starving.

The snails of bogus liberty
are festering around my bare slab.

The foul progeny of perverse warring
has made me a traitor to myself.

And, merciless God,
why did you choose
that living should not be my companion.

---

[1] If the cuckoo is first heard on an empty stomach, misfortune follows
for the rest of the year. How many ordinary people in Iraq must suffer
extremes of inhumanity and degradation at the hands of cuckoos of
all shapes, sizes and political persuasions?

Air an leabaidh

Mar sin dè thachair
an àm a' bhruaillein,
lathaichean a' bhreislich?
Cò dhòirt na tuiltean teotha maidne?
Cò reoth na seana chnamhan salach?
Dè lìon am beul le brèinead leannach?
Dè thug buille phuinnsein air an t-sròin gun iochd?
Cò bhreab is a bhreab nam ball o cheann gu druim
Peacannan dubha fad uairean na beatha?

Deamhain an fhiabhrais
Diabhail na cuimhne
Sàtain gun èislean no leigheas.

Bed-bound

So what happened
during the confusion,
the days of delirium?
Who poured the hottest morning showers?
Who froze the dirty bones?
What filled the mouth with festering fluid?
What mercilessly attacked the nose with
    a poisonous blow?
Who kicked and kicked in a ball from head to back
the black sins of life's hours?

Fever's demons
Memory's devils
Satans without care or cure.

Casan a' falbh

Mhuthaich mi san stèisean dhut
ann an sgaoth sheacaidean-sgoile
's nam dhearg-ruith nad àrainn
chuir do phòg aotrom bhuidhe
air liopan do chiad leannain
casg
air
sùgh
nan
calpa.

Air m' fhiaradh leigidh mi le dìomhaireachd
d' òige tighinn fo bhlàth gun bhrathadh-aoise,

mum maoidh m' eòlas-sa air

fàs
bàs
dealachadh
gu ùr-bhreith.

Gun chràdh, gun chùram
togaidh tu do chaman pongail
is air dhut smèideadh ris
cuiridh do lèine-shneachda fo gheansaidh glas
na bleideagan soitheamh earraich,

a chruadhaicheas gu snog mun leagh an eitean
a laigheas sona bàn mun salaichear am plaosg.

Dh'fhan d' fhaileas treis an sin, nigh'n òg,
an dèis dhan trèan ort comraich thathann
is nuair thog mi orm casan troma rithe
cha b' iomlan, cha b' uireasbhach mo lùth.

Departing

I noticed you in the station
in a blaze of school uniforms,
my fast red running towards you,
your light yellow kiss
on your first love's lips
arrested
the
spring
in my
stride.

Turned away, I allow the secrecy
of youth to bloom free from age-betrayal,

before my own experiences can reproach

growth
death
parting
towards rebirth.

Painlessly, without a care,
you raise your deft hockey stick
and on waving to him
your snow-blouse under a grey pullover
drops casual spring flakes,

firming nicely before their core melts,
lying happily unblemished before their shell is soiled.

Your shadow stayed a while, young woman,
after the train had offered you a sanctuary
and when I lifted my heavy legs onwards
not complete, not wanting was my strength.

Dannsam led Fhaileas

Dannsam led fhaileas 'n Dùn Èideann
cluinneam do chòmhradh thar Chluaidh
drochaidean, eaglaisean, òrdugh
bu nòs air feadh bhailtean mo luaidh.

Cuiream mo ghàirdean mud cholainn
pasgam do cheann na mo ghruaidh
anail is fàileadh an dùsgaidh
bu thùs do gach madainn lem luaidh.

Pògam do bhathais am Barraigh
innseam mo ghaol dhut nad chluais
tràigheannan, bàtaichean, bòidhchead
bu shòlas do dh'aisling mo luaidh.

Leigeam leat fàs bhuam gun àmhghar
cumam mo chràdh-sa gun bhuaidh
saorsa is farsaingeachd rùintean
mo dhùrachd bhith 'n dàn dhut, mo luaidh.

Let Me Dance with Your Shadow

Let me dance with your shadow in Edinburgh
let me hear your chatter across the Clyde
bridges, churches, orderliness
familiar through my darling's cities.

Let me put my arm around your body
let me parcel your head in my cheek
breath and the smell of waking
the start of each morning with my darling.

Let me kiss your forehead in Barra
let me tell you of my love in your ear
beaches, boats and beauty
the comforts in my darling's dreams.

Let me allow you to grow from me without distress,
let me contain my pain without harm
freedom and a wide choice of desires
I wish destined for you, my darling.

An-dè agus a-màireach

Air an latha an dèidh dhomh t' fhaicinn leotha
cumaidh mi mo chùl ri
àilleachd nan Garbh-chrìoch
thèid mi am falach
gun lochd
an còmhradh
ceann a tuath
Shasainn
is iarraidh mi
mar a bheirear air
Dimàirt
mar a tha,
mar a bha
is mar nach bi,
nuair nach bi ann ach
an t-ainm
gun latha dha rèir dhuinn fhìn,
an latha
le seachdainean fada ga dhìth,
clann nan deugairean ain-deònach
thusa, nad thàmh, am broinn bhlàith
Uibhist air ais,
mo sheanachadh: an òige
t' òige: an eachdraidh – a' dèabhadh bhuam.

Ach airson an dràsta
's e Dimàirt Dimàirt
làn mions agus custard
agus cartoons
a leigeas leinn aideachadh
gur e Dimàirt a th' ann.

'Seachdain on diugh ma-thà,'
seachdain on dè.

Agus an trèan seo air
Malaig a ruighinn
gun bheud.

Yesterday and tomorrow

On the day after seeing you with them
I eschew
the splendour of the Rough Bounds
I find a hiding-place
inoffensively
midst chattering
from the North of
England
and I seek
to capture
Tuesday
as it is
as it was
as it will not be,
when there will only be
the name
without a corresponding day for us,
a day
with long long weeks missing,
children grown into petulant teenagers
you, at rest, in Uist's warm womb
returned,
my ageing: their youth
your youth: their history – draining from me.

But for now
Tuesday is Tuesday
full of mince and custard
and cartoons
which allow us to avow
that it is Tuesday.

'A week today then,'
a week from yesterday.

And this train having reached
Mallaig without dismay.

Do it ourselves

Can I sand it out,
rough finish or smooth?
The glossy look
attractive from a distance
sits unseen from the inside.

Right up close it shines,
baldly no gritty details on the skin.

I'll sand it,
I'll tremble the particles,
I hope I have the brawn.

I'll scrape the uniform smile,
I'll reveal wonderful, ragged
cracks and gaps, you'll understand.

We choke on the dust
so much came off on us
my hair is grey
yours speckled, my love.

Got close to the key now –
can you feel its sticky honesty?

We smile and wipe down surfaces
thick with the stour of excess,
a cool calm cloth in our hands.

Now we can consider the colours of fresh paint.

Rusty Singing

Glimpsing grasping harshly out of reach
songs that sang themselves and chose their tunes,
melodic or performed to light the evening
crying now forgetting vital lines.

Like fading sun on warmth dependent bones
drugless, brittle, stumble to an end,
and when they close their stories quite unsafely
their syllables can only drip and drip away.

leatha cruadal gaoil air uachdar sìoda

leatha cruadal gaoil air uachdar sìoda,
innte cobhair chùramach nan claon,
dhise dòchas sgaoilte gnàth mo shùgraidh,
dh'aindeoin àrdain mùirn.

thuice pogan-sàbhalaidh cuiream mìltean,
uimpe togam àrd ar gàrradh bhraon,
rithe dèanam brìodal 'm bàrr nan deur sin
dh'fhàisgeas làmh mo fhlùir

bhuaipe mo chur fada 's tric a nì i,
's i mo leannan caochlaideach, mo rùn,
dhith tha snas a h-òig' far bhil air tuiteam,
thuar bhith aog ar sunnd.

ach

bhuam caitheam àmhghar trom mo ghiùlain,
umam suain do phlaide cùbhraidh caoin,
rium an innṣ thu sgeulachd ghlan gun àilgheas
bheir dham fhaoineas iùl.

with her, the distress of love on top of silk

with her, the distress of love on top of silk,
in her, attentive succour for the foolish,
for her, the essence of my wooing is hope spread thin,
despite the highest peaks of joy.

to her, let me send thousands of kisses of life,
around her, let me raise high our wall of droplets,
to her, allow me to crown those tears with sweet-talk
which will squeeze the hand of my flower.

from her she often sends me far,
she, my changeable lover, my darling,
from her, the beauty of her youth is peeling off petals,
almost emaciated is our happiness.

However

from me, let me cast the heavy torment of my demeanour,
around me, wrap your warm kind fragrant blanket,
to me, can you tell a pure story without conceit,
which will offer my madness some direction.

Practical Poetry

I travel to the soul of metaphor,
She supermarkets.

I crawl miles to my nearest feelings,
She wires electrics.

I cry for lack of simile released,
She sands the deckchairs.

I can't accede to the faulty image,
She fixes breakfast.

I write that love transcends our guilt,
She weeds the garden.

I need to sing inside each visual stanza,
She paints the bathroom.

I simply cannot start for dread of death,
She seems contented.

I abandon lines and lives unscanned,
She says it's ended.

Sweltering

I'm thirty-five on a double-decker
alone in an anorak
going nowhere important
in sweltering Glasgow.

Where grey faces and buildings
usually keep the winter
and it's all right to feel okay
just drifting.

Where the rain pishes and pelts
soaking ambition,
and the thought of achievement
on a daily basis ebbs.

Where a norm is to moan
and list the desolations
of urban existence
which insist dreams decay.

But today at a loose end
in the brilliance of the sun
it's a struggle to block out
shafts of regeneration.

God, I'm sweltering in this anorak.
Thirty-five, alone on a double-decker,
with nowhere in Glasgow to go.

Samhain aig BBC Breakfast

Nuair nach tàinig
aon chaileag bheag bhrèagha
no bòcan de ghille borb
air chèilidh
air Oidhche Shamhna,
an dèis dhi
am poca mòr shuiteas
aig Sainsbury's
a chàradh air a maide-buinn
mar bhalla-dìon làn ùbhlan
dha a cogais choimhearsnachd,
chuir reul na moch-mhaidne
dhith a h-aghaidh choimheach,
thug i na tuirneapan beaga
às a cluasan
is le osna
anns an robh guth a màthar
stob i dà mhini Mars bar
na bus.

Gun dad dhem mìlsead
a sgrìobadh far nam fiaclan foirfe,
mhùch i solas nan naoi uairean
is ghuidh i air na mairbh
dhol nan naoimh bheusach.

Samhain for BBC Breakfast

When not a single
pretty little girl
or an unruly spectre of a boy
came guising
on Halloween night,
after she had placed
the large packet of sweets
from Sainsbury's
on the threshold
like a protective wall of apples
for her community conscience,
the early morning star
took off her false face,
removed the little turnips
from her ears
and with a sigh
which contained her mother's voice
stuffed two mini Mars bars
into her cheeks.

Without scraping
any of their sweetness
from perfect teeth,
she quashed the nine o'clock light
and beseeched the dead
to become modest saints.

Òran DJ

An e gun do dhùisgeadh beathach
nar broinn
'n e gun do dh'aomadh
ar dìon
no an e nach do chuir sinn
ar smaointean fo chuing
ged nach labhradh a h-aon
againn sìon?

Ach an sin
an teis-meadhan
m' aithreachais chaim
tha ionndrain ort
cladhach a thuill
is cha dearg mi a lìonadh
is chun urrainn dhomh chleith
tha e gam fhàgail-sa claoidhte,
fon choill.

Is dè chanadh tu fhèin mu ar cuairteig ghrinn
'n robh i idir cur charan dhad rèir
'n do bhlais thu mar mise,
fo sheun, air aoibhneas
nam facal nach amaiseadh beul?

Ach 's dòcha gum b' fheàrr
gum buainteadh ar flùr
mum bu lèir dha a bhilean an dath
mun tuigeadh iad meud na mìle iarraidh
rinn an còmhdach le maothad gun ghath.

Is a bheil thusa nist mear air bàrr na gaoith
gun chudrom a' bacadh do cheum
mar reul nach do dh'fhiosraich siubhal na sìth
gu 'n do dh'fhuasgail mo shoraidh a teud?

DJ's Song

Was it that an animal was stirred
within us
was it that our defences
were bent
or was it that we didn't
restrict our thoughts
although neither of us
would dare say anything?

But there
in the centre
of my deformed regret
missing you
is digging its cavity
and I can't fill it
and I can't hide it
it leaves me exhausted,
outlawed.

And how would you describe our elegant stroll
did it move in any way to your design
did you experience like me,
bewitched, the pleasure
of words that the mouth cannot produce?

But perhaps it was better
that our flower be plucked
before its petals could discern their colour
before they might comprehend
the scale of a thousand desires
which enveloped them in tenderness without sting.

And are you now carefree, billowed by the wind
without weight hindering your flight,
like a star which discovered ethereal travel
only when my farewell unleashed its cord?

chunna mise do bheul disathairne

chunna mise do bheul disathairne
mar annas thar nach soillseadh òr,
an t-uisge ùrar gearradh cruinn-leum
gun euchdan-comais son a dhuais òl.

a mhìltean mhìrean ann am prioba ainneamh
mar aon tonn tlachdmhor air thoinneamh dlùth
gan crathadh fuasgailte, acrach, feòlmhor,
an tòir air annlan bheir dhaibh aonadh-ciùil.

a chumadh saoghalta rin dèan mi aoibhneas
na fhaileas mùchte air a spiorad slàn
a thug a dhual dha, gun fhiosd gun iarraidh,
an tùs a làithean 'n lùib nan duilleag bàn.

is sin e dhòmhsa mar ubhal eudmhor
a' deòcadh smuaislean trom bhilean lom'
gan cur am breislich le aon leth-mheomhair
gam fàgail dèirceach nuair nach bi e ann.

O chunna mise do bheul disathairne
am beul a shàth tro mo nàdar daonnd'
is a roghainn-annsachd mo thoir ga ionnsaigh
gach stuadh a' taomadh na mo dhaingeann-ghaoil.

on saturday i saw your mouth

on saturday i saw your mouth
like a marvel not outshone by gold
fresh water leaping sideways
without the ability to drink the reward.

its thousand elements in a rare moment
like one pleasant wave, twisted tight
suddenly shaken open, hungry, sensuous
desirous of sustenance which could create shared music.

its earthly form for which I rejoice
a mere hint of the full character
bestowed by inheritance, unbeknown and unsought,
at birth among the first white leaves.

and there it is for me, a zealous apple
draining my bare lips of their pith
sending then delirious with half a quiver
leaving them redundant in its absence.

i saw your mouth on saturday
the mouth that tore through my human shield
and chose for pleasure to pull me towards it
each wave crashing into my garrison of love.

Dealan-Dè Nuala

Rug thu air làimh orm, a Nuala,
an dèis dhuinn na dealain-dè
a pheantadh,
an dèis dhuinn an sgiathan
fhuasgladh le cùram
dòchas is eagal
a' rùnachadh cothlamadh
grinn, buadhmhor
a stiùireadh cùrsa
ciùin siùbhlach
gu ruige
doimhneachdan dùrachdan dhaoine.

Ach cha bu lèir dhomh
an crotal a sgrìob thu le
corran geur na Gaeilge
à cuislean do chridh-sa
is a chuir thu am bogadh
rè mhionaidean gairbhe
na bliadhna seo,
feuch am fàisgeadh e sùgh dhut
a dh'fhàgadh do bhràthair gu sunndach
's a leigeadh leis
sgiathalaich a-rithist gu bràth mùirneach.

Cha mhotha dh'fhidir mi bhuam thu
dian-choimhead do làn-chiùrraidh
falbh gu bòidheach le ùr-neart
gach aiceid na ruidhle ghlan shnuadhach

Ach nuair thill t' àilleagan aoibhneach
rug thu leis gu cinnteach
air cridhe gach aoin dhinn
is dh'fhairich mi truimead
na saothrach
a thug air do dhealan-dè
beag, brèagha, brùite
ath-latha
a chladhach thron ùir.

Nuala's Butterfly

You shook hands with me, Nuala
after we had painted
the butterflies,
after we had carefully
released their wings
hope and fear
desirous of a
stylish, powerful melding
which would direct
a smooth, eloquent
path towards
the depths of greetings and wishings.

But I could not see
the crottle you had scraped
with the sharp sickle of Irish
from the inner vessels of your heart
and which you had soaked
through each harsher minute
of this year,
in case it might squeeze some juice for you
which could render your brother carefree
and allow him
to fly once again forever happy.

Nor was I aware of you
scrutinising your utmost agony
travelling beautifully with renewed energy
each painful assault a discreet adorned reel.

But when your cheerful jewel returned
you confidently shook
each of our hearts with him
and I felt the weight
of the labour
to encourage your small, elegant, flattened
butterfly
to dig through the soil
for another day.

Eaglais ga saoradh fhèin

Chualas feadh an taighe faram-bualaidh.
Taigh a sgeadaicheadh do Dhia air saidhbhreas lom.
Dia a thug na buinn leis, 's fhada on uair sin,
Nach d' fhuiling bhith an còir an duibh sin ann.

Thogadh feadh nam marbh gaoir nan salm,
Mairbh bha ro dheònach seinn gu binn,
Deòin nach d' rinn a mhùchadh beatha na h-ùrach,
Daonnan daingeann, dìleas a dh'aindeoin tìm.

Chan fhacas len cuid shùilean teampall falamh,
Sùilean bha ri at o bhroinn an ceann,
Is at nan ad 's nach toilleadh meud a' ghràis sin
A bheir air naomh a mhac a mhurt le lann.

Is shàth is shàth is shàth iad ann a chèile
Uidheaman air iasad bhon an Deamhan,
Is dhearbhadh nuair dhòirteadh fuil a' Chrìosdaidh
Gu robh iad ceart, is ceart, ro cheart nam batal-bròin.

Church freeing herself

There was heard throughout the house the thunder of pounding.
A house adorned for God with starkest wealth,
a god who scarpered long ago,
unable to endure such proximity to black.

The wail of the psalms was raised amidst the dead,
dead who were all too willing to sing sweetly,
a will which life under the earth had not quenched,
Always steadfast, stalwart, unmoved by time.

Their eyes did not perceive the empty temple,
eyes bulging from the inside of their minds,
and the bulge of the hats failed to restrain so much grace
as allows a saint to spear his son to death.

And then they thrust and thrust and thrust into each other
tools and weapons borrowed from the Devil,
and it was proved at the spill of Christian blood
that they were right, right, too right in their desperate crusade.

Briste no a' Chiste?

'S e am foghar-faothachaidh
an Dùn Èideann
a ghabh rim thàrrsainn
às òraid an sgoileir ainmeil

eudailean àraid air
bhidio, beul is gnùis
on chladh Ghàidhlig.

Tè a bha am Boston
fad leth-cheud bliadhna is
an 'l' leathann aice cho làidir
's a bha e a' chiad latha a bhlais i
air brochan lom 'Lurain Luathchasaich' air glùin a seanar.

Bodach a bhiodh a' dannsa,
o chionn dìreach bliadhna no dhà
is e ag aithris 'Diluain, Dimairt',
fhathast air chomas uilinn a ghluasad – le taic nan sìdhichean.

Agus a' cheist: an can iad 'bòdhach' am Barraigh?
Oir sin a bh' aig Flòraidh seach 'bòidheach',
na h-isean aig 79 is a thogadh an àite cho fìor iomallach
ann an Ceap Breatann,
nach robh aice ach an tuiseal tabhartach a' startadh na sgoile
    aig seachd.

Seadh bha faothachadh san fhoghar dhomh
ged a bha na duilleagan àlainn dathte
a' torradh gu trom mum adhbrannan.

Dh'fhòn mi dhachaigh.
Bha Canada air mo chumail na b' fhaide na bu chòir.

Guth beag beò a bhruidhinn rim mhobile.
'Fhios agad dè a th' ann airson dìnneir?
Banana air a phasgadh ann am bacon!'

Ach nuair a ràinig mi an taigh – car fadalach –
chan fhaicinn ach measan dubha is
geir gheal a' cruadhachadh fodhpa.

'Carson nach do dh'ith thu am biadh annasach?'
dh'fhaighneachd mi dhen tè bhig.

'Sàillibh,' orsa ise gun chùram,
'Cha bu thoigh l' mi e.'

Broken or the coffin?

Edinburgh's autumnal respite
welcomed my fleeing
from the famous scholar's lecture

remarkable treasures on
video, mouth and facial expression
from the Gaelic graveyard.

A woman who'd been in Boston
for fifty years
and her broad 'l' as thick
as it was the first day she tasted
Luran Luathachasach's thin porridge on her grandfather's knee.

An old boy who would dance,
just a few years back,
when reciting 'Monday, Tuesday'
still able to move his elbow – with the help of the fairies.

And the question: do they say 'bòdhach' in Barra?
Because that is what Flora used rather than 'bòidheach',
a spring chicken at 79, and raised in a such a remote part of
    Cape Breton
that all she had was the dative case when starting the school
    at seven.

Yes the autumn offered some respite
although the beautifully coloured leaves
piled heavily around my ankles.

I called home.
Canada had kept me longer than was appropriate.

A live little voice greeted my mobile.
'Do you know what we're getting for dinner?
Banana wrapped in bacon!'

But when I reached the house – a little late –
I could see only black fruit with
white fat solidifying underneath.

'Why didn't you eat the exotic food?'
I asked my young daughter.

'Because,' she said, unperturbed,
'I not liked it.'

Descanso: Spanish Repose

I dose or watch
two sleeping women
curved above
the same brown beds,
one for each, and me
observing from the chair
as curling toes
outreach their legs
and eyes shut tight
are prised apart
to start at fright;
the still, desired
and found in deep
or night,
abruptly ravaged
by the rising scream
of mad mad mopeds,
drills in overheated
hands.

And in the plaza
sun has baked
the stones near empty,
dry of growth
except the fingers
finders of the shade,
as old men part
in understated salutations
for tomorrow's same again

Señor, 'Ah, Las Hierbas!'
or the end
of a Mallorquine
September,
I record
for warmth
the sea
humanity
redeemed
through
resplendent
time of day.

Clowning ups and downs

Oh the clown
deep down
the widened
painted smile
a glossy frown
the need
for giggle
a toxic riddle
a crown,
to place upon
a normal head
to shine before
a laughing night
not contemplating
life's mundane
and modest fill.

No glittering beams
to sparkle
and deflect
the haunting theme
of why?
To sing and dance
and prune and prance
and run the risk
of dark silence
embarrassed pawky cries
of sack that clown
who's fallen from the sky

and down and down
he dives
deep down
till turpentine
has scorched
the rawest sound.

Soraidh le Iain MacÙisdein

'S neònach a bhith còmhla riut a-rithist, Iain,
is gun thu ann.
Geurad inntinn is coibhneas an co-sheirm
nad theudan fidhle.

Òrain Leòdhasach a bu dual dhad chluais
a chluinntinn togte far nan tonn le oiteig ghaoithe.
's do ghàire gabhail riutha mar sheudan na h-iarmailt
às aonais ànraidh.

'S tusa a chùm an t-sradag laiste am beatha mòrain,
's tusa a roghnaich a sireadh.
Agus ann an com teagmhach na deugaireachd
bha thu air leth faiceallach nach fhàsadh i fann.

Tha èoin-falbhain air tighinn dhachaigh gu machair an Ìochdair,
tha tràighean geal Ùige a' siubhal an dath,
tha sgìr' Obar Dheathain a' caoidh a' churaidh
bha leothasan ach Gàidhealach, ionraiceach, math.

Farewell, Ian Hughes

Strange to be with you again, Ian,
and you absent.
Sharp wit and kindness concordant, the strings of your fiddle.

Your ear was accustomed to Lewis songs
lifted from the waves on the slightest breeze.
Your laugh embraced them like heavenly jewels without
    misfortune.

It was you who kept the spark alight in the life of many,
you who chose to seek it out.
And in the diffident breast of adolescence
you were most careful that it did not dim.

Migrating birds have returned home to Iochdar machair,
the white sands of Uig are searching for their hue,
Aberdeen laments a great man
who was theirs but Highland,
sincere and fine.

Autumns

And that autumn moment
of bacon sandwich, crunchy,
brown: yesterday's smells.
Catches me cold, unprepared
and your so early spring arms
cast upwards by your dance of
needs
of me
to guide you through season's steps

unwintered – your right to play
unailing – your freedom to scream wild giggles
unbroken – happiness transferred.

Yes, the cold of autumn
around my bare legs
just a little colder than before,
however rays the radiant sun.

Time to wrap a little tighter.
Clad in certainties. Everlasting.

No sign of leaves falling, not at all!
I hope.
Can jump for joy today. Can do!

Dance, dance, little one of me
Not for summer but for spring.
I'll keep time for autumn, quietly.
If that's okay.

Kissed in the passing

A kiss in the passing,
lips pouting for a baby's moue,
bright eyes searching out beyond
shared safe smallness,
freely slide
over his rounded down shoulders.

Her insouciant smile
too lazy to pity,
bulb of Bacardi Breezer
(just having a laugh, Norman)
the coquettish intoxicant.

She is
ready for offskay –
poised to flit,
fourteen years later.

And his meagre desperation
caught out and muted
by the din of average.

A Friday night, in
lashed-at Oban.

Tàladh Iain Fhionnlaigh

Iain Fhionnlaigh, a ghaoil,
mo mhacan beag caomh
a thug mo leannan dhan t-saoghal,
dùin do shùilean, a mhùirn,
caidil le sunnd,
is cumar na lathaichean dhut, a rùin,
O, cumar na lathaichean dhut, a rùin.

Mas ann dhut tha e an dàn
bhith ruith chun na tràgh'd
a shireadh na gainmhcheadh mìn',
's nuair ruigeas tu an t-àit'
tha an làn ort cur fàilt',
cha leigear gum fàisg i do chrìdh' le a dìth,
cha leigear gum fàisg i do chrìdh' le a dìth.

'S ma dh'fheumas tu ràdh
nach robh thu cho tràth
gu èirigh air àrainn do chuairt,
cha chuirear rid bhròn
le càineadh mun òg
's chan òl thu dheth tàmailt bhios cruaidh na buaidh,
chan òl thu dheth tàmailt bhios cruaidh na buaidh.

Ma dh'fhàsas tu sgìth
an dèis dhut bhith strì
ri ceumannan fad' agus buan
's mur glèidh thu am bàrr
is reultan gu h-àrd,
chan fhàgar do lèirsinn bhith bhuat, a luaidh,
chan fhàgar do lèirsinn bhith bhuat, a luaidh.

'S ma thèid thu gu clì
air rathaidean gun bhrìgh,
ma bheir thu ort sgìrean gun fheum,
gun cluinn thu an ceòl,
cho binn ris na h-eòin,
a threòraicheas thus' thugad fhèin le chèill,
a threòraicheas thus' thugad fhèin le chèill.

Ach dè nì mi 'n-dràst'
's tu agam nad phàist'
gun chomas do thàladh lem spèis?
Ach làidir mo dhùil
gun lean riut làmh-iùil
a stiùireas do chùrsa gun bheum 's le grèin,
a stiùireas do chùrsa gun bheum 's le grèin.

Iain Fhionnlaigh's Lullaby

Iain Fhionnlaigh, my dear,
my little gentle son
whom my lover brought into the world,
close your eyes, sweetheart,
sleep contentedly,
and the days will be kept for you, *a rùin*,
the days will be kept for you.

If it is fated for you
to run to the beach
to seek out the most delicate sand
and when you reach the spot
you are met by the tide,
your heart will not be crushed by its absence,
your heart not crushed by its absence.

And if you must admit
that you weren't quite early enough
at starting out on your way,
your sorrow will not be made worse
by insults on youth
and you won't imbibe shame with long term costs,
shame with long term costs.

And if you tire,
having been struggling
on long never-ending paths,
and before reaching the summit
night has fallen,
your vision will not abandon you, *luaidh*,
your vision will not abandon you, *luaidh*.

And if you deviate
onto worthless roads,
if you seek out useless locales,
I hope you hear the music
as beautiful as birdsong
whose sense will lead you back to yourself,
whose sense will lead you back to yourself.

But what should I do now
with you here still a baby
and impossible to lull with my expressed affection?
But great is my hope
that every guidance will follow you
and steer your course without harm and with sunshine,
steer your course without harm and with sunshine.

Làrna-mhàireach

Far bus 41
's i seachnadh an t-solais
is ceistean a' choigrich

eadar am baile gun chlaidheamh
is làr Bhaile Atha Cliath

phut

an tè bhòidheach
ruadh-bhachlach, dhubh-chasach,
chaol-mhalach, mhìn-bhileach,
fhad-dhruimeach, bhaoghal-mhiannach,
thioram-bheulach, ghoirt-chnàmhach,
sgìth

a corp

is chaidh i 'thaigh a màthar
a thogail nam bràithrean beaga

a rug i
an t-seachdain roimhe sin.

The morning after

Off the 41 bus
avoiding the light
and the stranger's questions

between the town of Swords
and the centre of the city of Dublin

the attractive
red-curled, black-legged,
slim-browed, fine-lipped,
long-backed, thrill-seeking,
dry-mouthed, sore-boned,
tired young woman

pushed
her lifeless body

and headed to her mother's house
to collect the little brothers

she bore
the week before.

Còmhdhail-Sgoile agus Màrtainn Luther King

Air an latha a
rugadh an aisling dhubh
a tha fhathast
a' feitheamh a dùsgaidh
gheàrr thusa leum am broinn
bus blàth do shaorsa bhuamsa.

Is ged nach toir am bus seo
a-null thu a dh'Alabama
nan cafaidh grànda airson rànaich,
is ged nach bi guth ga chogar
air an Leadaidh Shuaraich
a theàrr do shinnsearan dubha 'sgànrach',

cha mhath dhomh bhith tùrsach an-diugh
cha dùraig leam snighe mo chùraim a leigeil
mu sgaoil, is an t-adhar foghair cho ùr-gheal.

Deòir mo rùraich ort is
adhbhar an-iochd shùilean dhaoine
fàgam bhuam an-dràsta fhèin, a luaidh,

is cachaileith dhubh na Sgoile Gàidhlig
na deàrrsadh òr-bhuidhe mud lamhan beaga maotha.

School Transport and Martin Luther King

On the day
the black dream was born
that still awaits its awakening
you cut a leap inside
the warm bus of your freedom from me.

And while this bus won't
take you to the vile cafés
of Alabama to wail,
and while not a word will be whispered
of the Vile Lady who tarred
your own 'wretched' black relatives,

I shouldn't be sad today
I don't wish to allow the drips of my concern
to seep, when the autumn sky is so pristine.

Let me curb immediately, darling,
the tears of my searching for you
and the reasons for inclemency in human eyes,

the black entrance to the Gaelic School
a golden yellow radiance in your tender little hands.

Sùil air a' Bhrataich

Entre la panadería
y la dulcería
se tambalea tu sendero, Cuba Libre[1]

Eadar an t-aran cruaidh
agus a' mhìlseag bhuaireanta
lùbaidh do rathad caochlaideach le bacaig, a Chiùba Shaor

Coirce dearg na cuimhne
a fhrasadh
ann am basgaid Bhatista,
nach tug e am barrachd mòr bhreacagan do Fidel
airson an riarachadh eadar an fheadhainn a bha dìleas?

Siùcar gorm nam miannan
a shireas an cniadachadh,
an ann mar thoradh
air a bhlas àraid agus snas nan Stàitean
a bheir e fadachd nach buin do choirce no cuimhne?

Peso lom rag nach ruig nad làimh chlì
Dolair subailte daor nach sàsaich nad làimh dheis.

A' chlach is an sgrath.
An dà leann: dubh is ruadh.

An dè is a-màireach
gorm is dearg
dearg is gorm
sgòd a dhannsas salsa luasganach
fon aoin rionnaig
air a' ghaoith ghil.

Entre la dulcería [2]
y la panadería
tu sendero se tambalea, Cuba Libre.

---

[1] Eadar bùth an arain
      agus bùth nam mìlsean
        thèid do rathad mu seach, a Chiùba Shaor
[2] (An aon bhrìgh)

Eye on the Flag

Entre la panadería
y la dulcería
se tambalea tu sendero, Cuba Libre[1]

Between hard bread
and tempting sweetmeats
your fickle path lurches, Free Cuba

Red oats of remembering
rained
into Batista's basket,
didn't they provide an abundance of loaves for Fidel
to feed the faithful?

Blue sugar imbued with fondling desires,
is it because of its distinct flavour and us style
that it induces craving that cannot be of oats or remembering?

A stark stiff under-nourishing Peso in your left hand
An expensive supple unsatisfying Dollar in your right.

A rock and a hard place.
Two humours: black and choleric.

Yesterday and tomorrow
blue and red
red and blue
a sheet dancing a restive salsa
below a lone star
on the white wind.

Entre la dulcería[2]
y la panadería
tu sendero se tambalea, Cuba Libre.

---

[1] Between the bread shop
      and the confectionery
      your road staggers, Free Cuba
[2] (The same sense)

Maryhill Road, June 2004

He was dancin
He was swayin
Between the foyer and the pavement
'What an arsehole!' said the jannie
'The state o it!' cried a wifie
whose prerogative was complainin'.

'Ah don't need your patronising
expletive euphemisms,' warned the dancer
with a swagger – more a stagger –
between the swing doors slammed
for the umpteenth time
on uninvited maudlin patter.

'Let him stotter
let him stoat
let him remonstrate and boak

We don't need that rubbish
On a Monday night.
Can't move on the street for wreaths
Don't need that shite.'

So he sat on the step,
affronting the humid passers-by

whiled away a while
while all the while
inciting rile and bile
'How vile do you get!'

Yeah, that's where he sat
Not on a mat; or on his trolley.
Til his wee boy came out o the cubs.

An Suaimhneas Bruaillein

'S ann ri ur seanair Dòmhnall Buachaille
a bha sibh a' bruidhinn a-raoir
thuirt sibh rium.

Ann an aisling no an soilleireachadh seòmbair choimhich,
agus chomhairlich e dhuibh
eadar ceathramhan a chuid òran
gur ann car mar seo a bha i
an t-slighe
eadar beatha is bàs
air uairean dorcha, ro dhorcha
aig amannan eile gun dad ga dìth.

Bha sibh mar pheata dha
dh'inns e dhuibh
fear a dh'fhalbhadh le cuman cùramach gu tobar ghinealach
fear a dh'fhadadh blàths a cruaich a chridhe
fear a dh'èigheadh prìsean sa Bheurla air creutairean nach
    gabhadh creic
fear a chunntaiseadh na fàrdain chumhanga nam ficheadan
notaichean mòra geala an Rìgh aig a' bhodach fo leaba a
    làithean.

Ach cha tug e freagairt idir
air coltas chùisean
an tùs an fhuarain?
an sùil nan lasraichean?
air an fhèill mhòir mhaireannaich
gun dròbhair no beothach no airgead no eagal?

Agus is math sin 's dòcha,
gu h-àraid, tha grèim ur làimhe deise ag agairt,
seach nach do dh'fhaighneachd sibh dheth.

116

In the Tranquillity of Delirium

You were conversing last night
with your grandfather Dòmhnall Buachaille
you said to me.

In a dream or in the clarity of an alien room,
and he advised you
between verses of his songs
that it was a bit like this
the journey
between life and death
sometimes dark, too dark
at other moments without imperfection.

You were like a pet for him
he told you
someone who could run with a careful pail to the well of
    generations
someone who could kindle warmth from the stack of his heart
someone who could call prices in English for creatures which
    couldn't be sold
someone who could count tight farthings into piles
the King's large white notes under the old man's bed of days.

But he did not give any kind of answer
about the look of things
at the source of the fount?
in the eye of the blaze?
at the great everlasting fayre
without drover or beast or money or fear?

And maybe that's just as well,
especially, the grip in your right hand contends,
since you didn't ask him.

Coltach ris?

Ann am baile coltach.
Ann an taigh coltach.
Is an inntinn car coltach.
Tìm a' teannachadh – bliadhnachan ag at.
Hi! Dè do chor? Gu fìrinneach? Am bu thoigh leat Joni Mitchell?
Chan eil cuimhn' a'm an-dràsta
Ged a tha fhios a'm gum biomaid ag èisdeachd
ri ceòladairean coltach rithe
san taigh choltach sin, sa bhaile coltach ris an fhear seo
agus bha ar n-inntinnean aig an àm car coltach.
Ach 's e a guth falbhanach àraid, tha mi cinnteach às,
nuair a leig mi a-staigh e
a dh'fhàg an taigh seo na thaigh coltach
agus a thug air an adhar dhorcha a-muigh
a bhith gun cheist le baile coltach.
Èibhinn mar a thèid aig ceòl air sin a dhèanamh
faireachdainnean a thaghadh, cuimhneachain a mhìneachadh,
cha dèan e ach iarraidh air cuid rianail an eanchainn
am fonn a thogail.

An ath-sheachdain thèid mi dhan bhaile a bh' ann.
Tha teans cuideachd gun tèid mi seachad air an taigh a
      bh' ann.
Is dòcha gun tachair mi riut air thuairmse.
Ach bidh bliadhnachan, tha fhios a'm, air teannachadh
is tìm air at,
Agus cha toir sìon mar a bha e orm faighneachd
Hi! Dè do chor? Gu fìrinneach? Am bu thoigh leat Joni Mitchell?

Like it?

In a like it town.
In a like it house.
In a like it mind.
Time contracted – years expanding
Hi! How are you, really? Did you like Joni Mitchell?
I can't honestly remember,
though I know we often listened to music like hers
in the like this one house, in the like this one town
and our minds seemed at the time quite alike.
It was her distant voice, I'm certain,
when I allowed it into this house
which made it a like it house
and the darkening sky outside
definitely belong to a like it town.
Funny how music can do that –
define the mood, dictate the memories,
require other more rational players in the mind game
just to sing along.

Next week I will travel to the actual town.
May pass by the actual house.
May actually bump into you unexpectedly.
But years, I know, will have contracted
and time expanded,
and nothing like it was will cause me to ask
Hi! How are you, really? Did you like Joni Mitchell?

Tràthan an lòin dealbhaich

Air earrach an lòin
cha dèan bagairt ach reothadh
an inntinn bhrothach.

Tha samhradh an lòin
ga chumadh às sruthanan
sgèimhe gun nàire.

Gu foghar an lòin
cuiridh an-deasachd mulaid
a cleòca geilteach.

Air geamhradh an lòin
cha chleith oiseanan trèigte
an cuid dhìobarach.

Seasons of vivid inspiration

Spring of inspiration,
all that threatens is freezing
in a hot-tempered mind.

The summer of inspiration
is shaped from rivulets
of shameless elegance.

To the autumn of inspiration
the revulsion of chagrin
sends her foreboding cloak.

From the winter of inspiration
rejected corners
can't conceal their outcasts.

Fianais Bàrd na Fèinne

Nuair a thill
Oisean
bho Thìr nan Òg
dhan Ghàidhealtachd
às deaghaidh na bliadhna
san robh fichead
mìle latha,
cha robh sgeul
air raointean fada òige,
bha caistealan
is dùin nan ceudan
bhlàr
fo chluarain,
agus beinn no dhà
no trì a dhìth.

'Seann saoghal air falbh,' shaoil leis.

Ach 's e muinntir an àite bu mhotha
a chuir an t-eagal air – cho sìobhalta
's a bha iad is cho neònach air an
còmhdach –
gu dearbha fhèine bha –
agus Gàidhlig aca uile.

The Bard of the Feinn's account

When Ossian
returned
from the Land of Eternal Youth
to the Highlands
after the year
which lasted
twenty thousand days,
there was no sign
of the long plains of his youth,
the castles and brochs
which witnessed hundreds
of battles
under thistles,
and a mountain or two
or three missing.

'The old order has gone,' he mused.

But it was the natives
who frightened him most –
so civilised
and so very strangely attired –
indeed they were –
and all of them spoke Gaelic.

Cò an siubhal?

cò an siubhal?[1]

freagairt-siubhail   siubhal-cheistean

cò am freagairt?   cò na ceistean?

aithne-fhreagairt   ceistean-saoghail

cò an aithne?   cò an saoghal?

freumhaichean-aithne   saoghal-thìrean

cò na freumhaichean?   cò na tìrean?

fàs-fhreumhaichean   tìrean-grèine

cò am fàs?   cò a' ghrian?

eòlas-fàis   grian-fhosglaidh

cò an t-eòlas?   cò am fosgladh?

fosgladh-eòlais

---

[1] This poem in traditional form pursues through a circular series of stages insights for a question posed. In this case: what's the point in travelling/searching? It does not translate well into English.

Some other books published by **LUATH** PRESS

Accent o the Mind

Rab Wilson

ISBN 1 905222 32 7 PBK £8.99

The 'Mither o aa Pairlaments'? A sham! They've ne'er jaloused in mair's fowr hunner years, Whit maitters maist is whit's atween yer ears!

The joy, the pain, the fear, the anger and the shame – topical and contemporary, and mostly in vibrant Scots, this is Scottish poetry at its best. Encompassing history, text messaging, politics, asylum-seeking hedgehogs and Buckfast, Rab Wilson covers the variety of modern Scottish life through refreshingly honest and often humorous poetry. *Accent o the Mind* follows on from Rab Wilson's groundbreaking translation into Scots of the Persian epic, *The Ruba'iyat of Omar Khayyam*, with a Scots translation of Horace satires. It also includes sonnets inspired by the Miners' Strike of 1984-85; poems he scribed as a Wigtown Bard; and the results of being twinned with his local MSP.

This inspirational new collection consolidates Rab Wilson's position as one of Scotland's leading poets and plays a part in the reinvigoration of the Scots language in modern Scottish society.

Poetry to rival the best published in Scotland... bursting with ambition, technically brilliant and funny.

SCOTLAND ON SUNDAY

The Ruba'iyat of Omar Khayyam, in Scots

trans. Rab Wilson

ISBN 1 84282 046 X PBK £9.99
ISBN 1 84282 070 2 CD £9.99

Almost a thousand years ago there lived in Persia a great and wise man who was a brilliant mathematician, an astronomer to the Royal Court, and a poet of unparalleled vision and wisdom. His name was Omar Khayyam. In the western world he is known as the author of The Ruba'iyat.

An influential, inspiring poetry collection of striking profundity, The Ruba'iyat asks questions of ourselves that are still relevant today. Transformed into Lowland Scots, Rab Wilson's version leaves behind the souks, bazaars and taverns of medieval Persia and transports us to the bustling urban scenes of modern, inner-city Scotland. Join the flotsam and jetsam of a teeming underclass as they tell us of their regrets, their joys and their hopes, and realise – even centuries later – that essentially nothing has changed for any of us.

Nae doubt ane o the sairest aspecks o this darg wes ti turn raiferences ti Persian feigurs, inti contemporarie anes, meaninfu ti modren Scots. This Wilson dies weill. Hou dae ye refer, here the-nou, til 'a hundred Jamshids, / ... a hundred Bahrams'? For Wilson, it's nae bother: 'a hunnert Peles / ... a hunnert Gazzas'!

LALLANS

Stravaigin

Liz Niven

ISBN 1 905222 70 X PBK £7.99

At the core of this wide-ranging collection of poems is the notion of the Scots as a community of 'stravaigers' or wanderers within as well as beyond Scotland's borders. Liz Niven draws on a variety of resources – the history of the Scots, her personal roots and the contemporary landscape – and moves outward, through various foreign cultures and many moods, to view the world through distinctly Scottish eyes.

She often adopts a feminist perspective, sometimes with incisively satirical intent. In 'A Drunk Wumman Sittin oan a Thistle', her monologue brings new meaning to MacDiarmid's seminal poem as well as providing immense, self-effacing entertainment on the plight of contemporary Scots women. Elsewhere, Niven offers stunning lyrical verse or longer narrative poetry, always beautifully crafted and with lasting resonance.

What makes Stravaigin *important, beyond the sheer beauty and warmth of its poems, is that these different wavelengths reach us and touch us, and that whatever tone or mode she is using, Liz Niven's voice is wry, warm, and human.*

ALISTAIR REID

An exciting poet whose observational voice is international in scope, traversing continents and tiers of society. Her work marries humane warmth and genuine affection with wry wit and sharp social comment.

JANET PAISLEY

Niven's earthy humour and acute eye for detail make Stravaigin *a collection well worth checking out.*

THE BIG ISSUE

Burning Whins

Liz Niven

ISBN 1 84282 074 5 PBK £8.99

Burning Whins concerns itself with relationships and ownership.

Describing the Scottish Parliament, aeroplane travel in the Western Isles, and the destruction wrought by the recent Foot and Mouth epidemic with equal familiarity and fluidity, these poems depict the many faces of contemporary Scotland with grace and intimacy.

Liz Niven is also a poet whose works in Scots give real presence and immediacy to this dynamic and descriptive language. *Burning Whins* cements Liz's presence as a contributor to the development of modern Scots and its linguistic place in the nation's cultural growth patterns.

A leading Scottish poet of today. She has added depth to characters and relevance to the geographical and historical.

SCOTS MAGAZINE

Affirming and resonant, she's a worthy heir to MacDiarmid's crown.

WATERSTONE'S, BATH

Parallel Worlds

Christine De Luca

ISBN 1 905222 13 0 PBK £8.99
ISBN 1 905222 38 6 CD £9.99

Christine's first two collections of poetry each won the Shetland Literary Prize and her work has been translated into more than a dozen languages. *Parallel Worlds* is an accomplished collection that transcends the parochial and personal to create honest, universal beauty.

With poems in both Shetlandic and English, *Parallel Worlds* explores the two worlds circumscribed in thought and experience by the two languages and cultures of Christine's experience. For those accustomed to the Shetlandic language, here is a rare and rich indigenous talent whose enjoyment in what is, after all, her mother tongue is obvious. Even for those with no knowledge of Shetlandic, the natural vibrancy of the language is tangible, and a brief introductory overview of the language, as well as a glossary of terms accompanying each poem, ensure that the expressive beauty of *Parallel Worlds* is immediately accessible to everyone.

The volume strikes me as sustaining a real quality of excitement and as being punctuated by fresh thematic ventures and pulses of energy.

STEWART CONN

The musical delivery of these fine poems sings off the page....De Luca seems to swim through centuries and across cultures with consummate ease. And her commitment to the Shetland tongue is far from insular – it is the key to the world.

SCOTLAND ON SUNDAY

Love and Revolution

Alastair McIntosh

ISBN 1 905222 58 0 PBK £8.99

In *Soil and Soul: People Versus Corporate Power* Alastair McIntosh told of confronting the powers that be to transform a broken world. In this inspirational collection of poetry, he explores the nature of the revolutionary love that can bring healing. Here is poetry as a living force – a resource that can empower us all. From land ownership on the Isle of Eigg to saving the curlew, from the quiet solitude of a winter's night to passionate love, and loss beneath the ocean waves. Alastair McIntosh's poetry touches on and affirms all aspects of life's journey.

McIntosh's writing has been acclaimed by the feminist writer Starhawk as 'wonderful and inspiring', by Bishop James Jones of Liverpool as 'life-changing', and by Thom Yorke of Radiohead as 'truly mental'.

Includes 'Homage to Young Men' as recorded with the chart-topping duo Nizlopi.

A great thinker and a great poet.

GEORGE MONBIOT

Sex Death & Football

Alistair Findlay

ISBN 1 84282 022 2 PBK £6.99

Alistair Findlay takes a measured look at those three most important facets of life – sex, death, and of course football.

Football has never been a science so much as a heartbeat away from a sclaf, an unlucky bobble, catastrophe – a bit like Sex and Death – and thus a suitable case for poetry.

ALISTAIR FINDLAY

Showing great individuality, energy and wit, Findlay creates 'elegies – with edge' in this accessible and uncompromising collection. With his ear for natural human expression and appetite for life, he succeeds in crafting poetry teeming with both humanity and humour. His poems bridge the gap between perceptions of 'high' and popular culture, and tackle with rare insight the breadth of human experience, both sacred and profane.

...both playful and serious, realistic and mythological, disciplined and beautifully wild. This is a smashing book: it smashes through the walls of tedium, boredom, stress and self-obsession that tend to surround life ... These poems have a liberating, even at times an inspiring effect on the reader. At least, they had on me.

From the foreword by BRENDAN KENNELLY, Professor of Modern Literature, Trinity College, Dublin

Jane

Anita Govan

ISBN 1 905222 14 9 PBK £8.99

*these words
these words are naked
stripped bare to the bone
an inch from the edge of
this endless road
fiery bright shots
straight and clear*

Jane is a dynamic and distinctive first collection by performance poet Anita Govan. Written on the breath, her poetry captures the melody of everyday life in all its sweetness and discord. These poems – perceptive, lyrical and assured – represent an inspiring triumph over severe dyslexia. Full of imagery that is rich and startling, they draw from the wellspring of personal experience to touch on universal themes and contemporary issues. Anita Govan performs her poetry with 'radiance, warmth and depth of feeling it's all superb stuff, sensually presented' (edinburghguide.com).

The onstage origins of these poems can be heard in their easy, loping rhythms and in the direct and pressing energy of Govan's bright, glittering vocabulary.

THE GUARDIAN

The Road Dance

John MacKay

ISBN 1 84282 040 0 PBK £6.99

Why would a young woman, dreaming of a new life in America, sacrifice all and commit an act so terrible that she severs all hope of happiness again?

Life in the Scottish Hebrides can be harsh – 'The Edge of the World' some call it. For the beautiful Kirsty MacLeod, the love of Murdo and their dreams of America promise an escape from the scrape of the land, the repression of the church and the inevitability of the path their lives would take.

But as the Great War looms Murdo is conscripted. The villages hold a grand Road Dance to send their young men off to battle. As the dancers swirl and sup the wheels of tragedy are set in motion.

an enlightened portrayal of the Hebridean culture of the time, with its strict religious observances, prejudices and oral traditions

SCOTS MAGAZINE

powerful, shocking, heartbreaking

DAILY MAIL

Heartland

John MacKay

ISBN 1 905222 11 4 PBK £6.99

Set in the present day Western Isles.

A man tries to build for his future by reconnecting with his past, leaving behind the ruins of the life he has lived. Iain Martin hopes that by returning to his Hebridean roots and embarking on a quest to reconstruct the ancient family home, he might find new purpose. But as Iain begins working on the old blackhouse, he uncovers a secret from the past, which forces him to question everything he ever thought to be true.

Who can he turn to without betraying those to whom he is closest? His ailing mother, his childhood friend and his former love are both the building – and stumbling – blocks to his new life. Where do you seek sanctuary when home has changed and will never be the same again?

…broody, atmospheric little gem set in the Hebrides

THE HERALD

Lewis and Harris: History & Pre-History

Francis Thompson
ISBN 0 946487 77 4 PBK £4.99

The fierce Norsemen, intrepid missionaries and mighty Scottish clans – all have left a visible mark on the landscape of Lewis and Harris. This comprehensive guide explores sites of interest in the Western Isles, from prehistory through to the present day.

Harsh conditions failed to deter invaders from besieging these islands or intrepid travellers from settling, and their legacy has stood the test of time in an array of captivating archaeological remains from the stunningly preserved Carloway Broch, to a number of haunting standing stones, tombs and cairns. With captivating tales – including an intriguing murder mystery and a romantic encounter resulting in dramatic repercussions for warring clans – Francis Thompson introduces us to his homeland and gives us an insight into its forgotten ways of life.

Leaving behind a wondrous legacy of haunting standing stones and carved relics, such as the famous Lewis Chessmen. Captivating tales, passed down through generations, include an intriguing murder mystery and a romantic encounter resulting in dramatic repercussions for warring clans. Current places of archaeological interest are explored, as are celebrated sites such as the stunningly preserved Carloway Broch and evocative black houses, giving insights into a forgotten way of life.

Scotch on the Rocks

Arthur Swinson
ISBN 1 905222 09 2 PBK £7.99

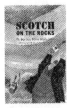

This is the true story behind the *Whisky Galore* boat, the SS *Politician*, which went down on 4 February 1941 with 240,000 bottles of whisky and £3m in Jamaican notes on board. (£90 million at today's value – now thought to have been funds for the Royal Family, should Hitler have succeeded in invading and they had needed to leave the UK in a hurry)

During World War II, while Arthur Swinson was serving as an army officer in India, his Hebridean driver told him about the SS *Politician* going down 'with all that whisky', his curiosity to find out what really happened further sparked when Compton Mackenzie's *Whisky Galore* was published.

Originally published in 1963, *Scotch on the Rocks* carried rave reviews and was serialised in *The Scotsman*. The fact that this moustachioed Englishman from the Home Counties was able to persuade so many normally reticent folk to give him the information of what really happened out there on Eriskay Sound was testament to his dogged determination. The real story behind Compton Mackenzie's magical tale was much darker, more commercial and yet very human. In spite of being written over 40 years ago, the book is a wonderful pacy read. A howdunnit, with all the corners covered.

Luath Press Limited

committed to publishing well written books worth reading

LUATH PRESS takes its name from Robert Burns, whose little collie Luath (*Gael.*, swift or nimble) tripped up Jean Armour at a wedding and gave him the chance to speak to the woman who was to be his wife and the abiding love of his life. Burns called one of *The Twa Dogs* Luath after Cuchullin's hunting dog in *Ossian's Fingal*. Luath Press was established in 1981 in the heart of Burns country, and is now based a few steps up the road from Burns' first lodgings on Edinburgh's Royal Mile.

Luath offers you distinctive writing with a hint of unexpected pleasures.

Most bookshops in the UK, the US, Canada, Australia, New Zealand and parts of Europe either carry our books in stock or can order them for you. To order direct from us, please send a £sterling cheque, postal order, international money order or your credit card details (number, address of cardholder and expiry date) to us at the address below. Please add post and packing as follows: UK – £1.00 per delivery address; overseas surface mail – £2.50 per delivery address; overseas airmail – £3.50 for the first book to each delivery address, plus £1.00 for each additional book by airmail to the same address. If your order is a gift, we will happily enclose your card or message at no extra charge.

Luath Press Limited
543/2 Castlehill
The Royal Mile
Edinburgh EH1 2ND
Scotland

Telephone: 0131 225 4326 (24 hours)
Fax: 0131 225 4324
email: sales@luath.co.uk
Website: www.luath.co.uk